▍TV생물도감

어려서부터 다양한 생물에 관심이 많아 늘 자연 속의 생물을 관찰하며 시간을 보내는 것을 좋아했어요. 이러한 생물에 관한 관심으로 생명과학과를 졸업하고 생물 연구소에서 근무했어요. 최근엔 다양한 생물을 생생한 영상으로 소개하고자 'TV생물도감'이라는 유튜브 채널을 운영하고 있어요.

TV생물도감은 말 그대로 '책으로만 접하는 생물도감'이 아닌 'TV로도 볼 수 있는 생물도감'이라는 뜻이에요. 현재는 수십만 명에 달하는 구독자를 보유하고 있답니다. 다양한 분야의 생물을 좋아하지만, 요즘은 특히 바다 생물에 관심이 많아요. 사람들에게 잘 알려지지 않은 독특한 바다 생물을 관찰하고 키우는 재미에 푹 빠져 있답니다!

1판 1쇄 발행 2022년 11월 24일
1판 2쇄 발행 2024년 10월 25일

발행인 | 심정섭
편집인 | 안예남
편집장 | 최영미
편집자 | 손유라
출판마케팅 담당 | 홍성현, 경주현, 김호현
제작 담당 | 이수행, 오길섭, 정수호

발행처 | (주)서울문화사
등록일 | 1988년 2월 16일
등록번호 | 제 2-484
주소 | 서울특별시 용산구 새창로 221-19
전화 편집 | 02-799-9375 **출판마케팅** | 02-791-0752
본문 구성 | 덕윤웨이브 **디자인** | 권규빈

ISBN 979-11-6923-593-8
　　　979-11-6438-488-4 (세트)

ⓒTV생물도감

차례

어류의 종류 • 4

1화. 바닷속 사냥꾼 맨티스쉬림프 • 6
　　　핵 주먹 배틀 • 12
　　　맨티스쉬림프의 탈피 • 17

2화. 상어 알을 부화시키자! • 24
　　　아기 상어의 탄생 • 28
　　　상어의 먹방 • 35
　　　놀이 생도의 미로 찾기 • 42

3화. 살아 있는 화석 투구게 • 44
　　　투구게의 이사 • 50
　　　1,000일의 기적 • 55

4화. 말미잘과 니모의 환상 궁합! • 62
　　　무서운 식성, 할리퀸쉬림프 • 68
　　　할리퀸쉬림프의 수난 시대 • 73

| 놀이 | 생도의 다른 그림 찾기 • 80 |

5화. 바다의 뱀? 가든일 • 82
오렌지 빛깔의 가든일 • 88
리본 같은 물고기? • 92

바다의 위기 • 100

6화. 독 가시를 가진 쏠배감펭 • 102
찌릿찌릿? 전기조개 • 108
위험한 해삼의 비밀 • 113

7화. 다른 생물을 흉내 내는 문어? • 120
위장왕! 데코레이터크랩! • 126
성게가 모자를 쓴다고? • 131

| 놀이 | 생도의 숨은 그림 찾기 • 138 |

정답 • 140

어류의 종류

방추형 어류 운동력이 가장 강한 어류로, 균형 잡힌 체형을 가져 빠르게 헤엄칠 수 있지요.
*대표적인 방추형 어류: 고등어, 방어 등

측편형 어류 옆으로 납작한 체형을 가진 어류로, 방추형보다 헤엄 속도가 느려요. 육지에 가까운 연안에서 주로 살아요.
*대표적인 측편형 어류: 참돔, 넙치, 가자미 등

편평형 어류 위아래로 납작해 편평해진 어류로, 높은 수압을 잘 버텨 주로 바닥 생활을 해요.
*대표적인 편평형 어류: 가오리류, 아귀 등

장어형 어류 생김새가 가늘고 길어 뱀처럼 생긴 어류로, 주로 바닥 생활을 해요.
*대표적인 장어형 어류: 뱀장어, 곰치 등

구형 어류 공처럼 둥글게 생긴 어류로, 헤엄 속도가 느려요. 연안 또는 중간 깊이의 바다에서 살아요.
*대표적인 구형 어류: 복어 등

심해에 사는 바다 생물

200m보다 깊은 바다를 심해라고 불러요. 심해는 빛이 잘 들지 않아 광합성하기 어려워요. 심해로 깊게 내려갈수록 수압이 높아지고 물 온도가 낮아지기 때문에 심해에 사는 생물을 탐구하기는 무척 어렵답니다.

이름: 바티노무스 기간테우스

TV생물도감의 바다 생물 탐구

거대한 등각류인 바티노무스 기간테우스는 '대왕모래무지벌레'라고도 불러요. 몸길이가 최대 76cm까지 자란 개체도 발견이 될 정도로 큰 몸집을 자랑하죠. 먹이가 풍부하지 않은 심해에서 사는 만큼 아무것도 먹지 않고도 약 5년을 버틴다고 해요.

영상으로 확인해 봐요!

TV생물도감의 바다 생물 탐구

최대 몸길이가 20m로 거대한 몸집을 자랑하는 향유고래는 2,000m보다 더 깊은 심해까지도 잠수할 수 있는 잠수왕이에요. 심해 생물을 사냥하기 위해 깊이 잠수하지만 폐 호흡을 하기 때문에 숨을 쉴 때면 물 위로 올라온답니다.

이름: 향유고래

1화 바닷속 사냥꾼 맨티스쉬림프

덤벼! 덤벼!

친구들, 안녕!

이 친구는 몸 색깔이 아름답고 무늬가 화려한 피콕맨티스쉬림프입니다.

무지개 색을 가지고 있어서 공작갯가재라고 불리기도 해요.

짜잔! 피콕맨티스쉬림프

살랑 살랑

쏙 / 맨티스쉬림프(갯가재)

쏙과 비슷하게 생겼지만 엄연히 다른 종이에요.

TV생물도감의 바다 생물 상식

맨티스쉬림프는 새우가 아니라 갯가재과에 속해요. 사마귀를 닮은 생김새에 바닷속 사냥꾼이라고도 불리는 맨티스쉬림프는 강한 앞다리로 갑각류나 조개를 잡아먹어요.

살아 움직이는 건 모두 공격하므로 어항에서 혼자 지내야 해요.

굴 같은 은신처에 숨는 것을 좋아하는데, 어항에 굴이 없네요.

잠시 지내기로 한 임시 거처.

아름이 집

ㅋㅋ 그렇다면….

서, 설마… 아니지…?

아름이(게코)

스윽

아름이 굴을 잠시 빌릴게요.

짜잔

맨티스쉬림프의 포근한 집 완성!

폭풍 눈물

내가 언제 빌려준댔냐!

*물 맞댐: 생물이 새로운 환경에 잘 적응하도록 물의 온도와 성질을 맞추는 일.

먹성이 아주 좋죠? 누가 집게발을 빼앗을까 봐 애지중지하네요.

소중

TV생물도감의 바다 생물 상식

맨티스쉬림프는 딱딱한 물체에 펀치를 날려도 앞다리가 멀쩡해요. 그 이유는 피부 조직과 구성의 특수성으로 외부 충격을 완화할 수 있기 때문이지요. 현재 다양한 기관에서 이 능력을 활용하기 위해 연구 중이라고 해요.

꽃게한테 좀 미안하지만….

꽃게 정말 맛있네.

껍데기

뿌듯

그래도 맛있게 먹어 주니 기분은 좋네요.

잠시 후

다 먹은 흔적

깨끗이 먹고 집으로 쏙 들어가 버렸는데요.

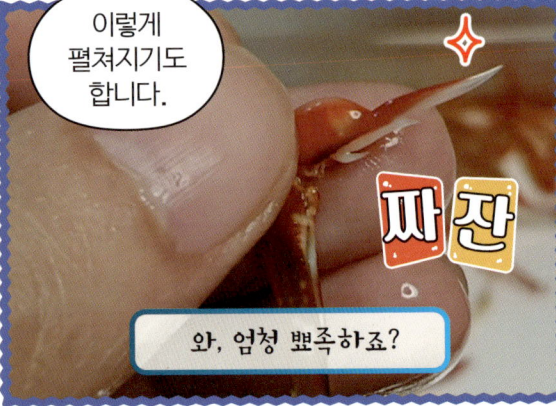

바다 생물 탐구

TV생물도감의 바다 생물 탐구

딱총새우는 커다란 집게발을 튕길 때, 총을 쏘는 듯이 커다란 소리를 낼 수 있어요. 집게발을 여닫는 과정에서 나오는 충격파로 먹이를 사냥하기도 해요.

이름: 딱총새우

이름: 미국가재

TV생물도감의 바다 생물 탐구

길고 큰 집게발을 가진 미국가재는 몸 색깔이 붉은 빛이에요. 주로 미국에 서식하는 미국가재가 우리나라에 퍼져 생태계 교란종으로 지정되었어요.

영상으로 확인해 봐요!

2화 상어 알을 부화시키자!

"이번에는 상어 알을 직접 부화시켜 볼 거예요. 알 생김새가 굉장히 독특하죠?"

"상어는 무척 무서운 생물이지만, 키울 수 있는 <mark>소형 상어</mark>도 있어요."

안녕!

상어 알

"망고 씨 같은 생김새에 딱딱하지 않고, 나무껍질 같은 촉감이에요."

콕 콕

신기하지?

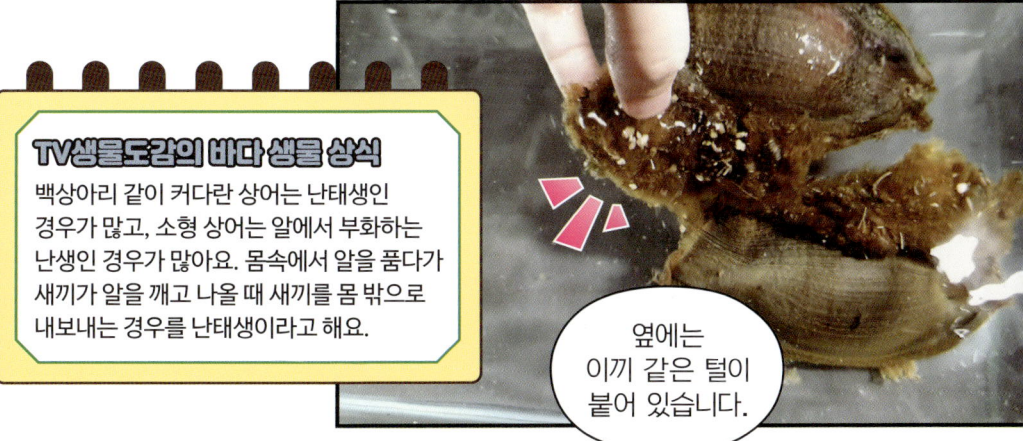

TV생물도감의 바다 생물 상식

백상아리 같이 커다란 상어는 난태생인 경우가 많고, 소형 상어는 알에서 부화하는 난생인 경우가 많아요. 몸속에서 알을 품다가 새끼가 알을 깨고 나올 때 새끼를 몸 밖으로 내보내는 경우를 난태생이라고 해요.

옆에는 이끼 같은 털이 붙어 있습니다.

옆모습은 이렇게 생겼어요.

알 크기를 보니, 마블캣샤크의 알일 거라고 예상돼요.

신기한 생김새!

상어가 알에서 무사히 태어날 수 있도록 좋은 환경을 만들어 볼게요.

나는 누구일까~?

두근두근

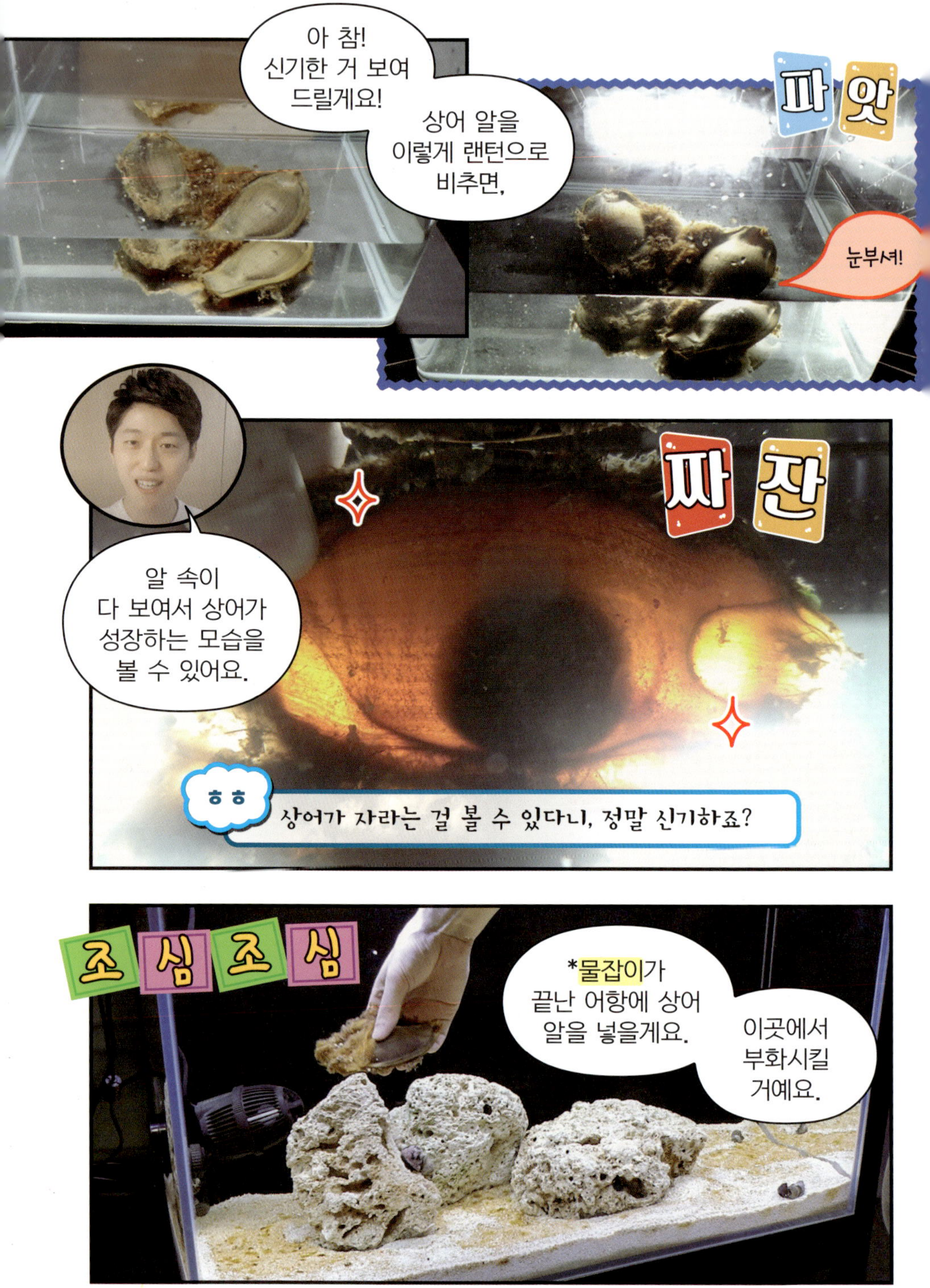

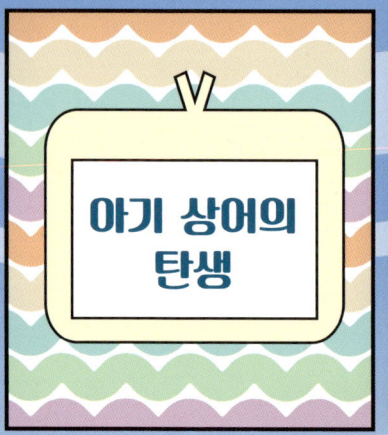

아기 상어의 탄생

상어가 잘 자랐을까요? 약 3개월 간의 성장 과정을 보여 드릴게요.

상어 알

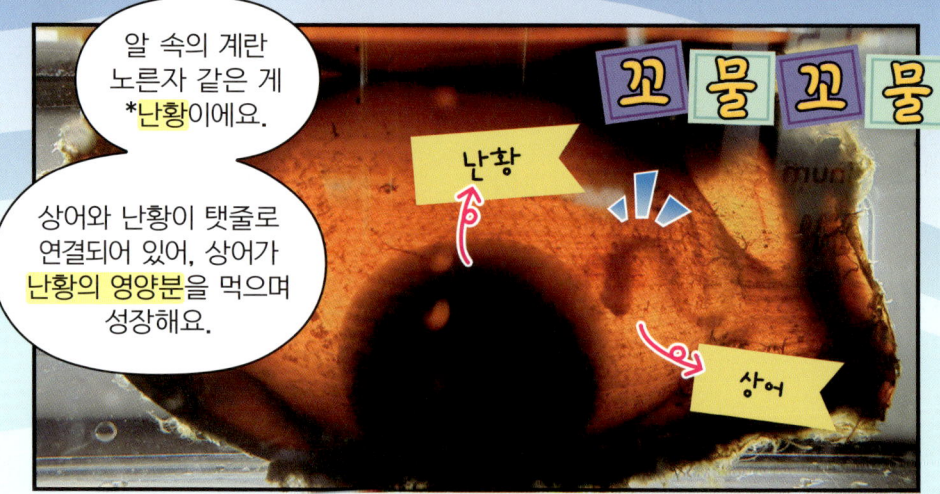

알 속의 계란 노른자 같은 게 *난황이에요.

상어와 난황이 탯줄로 연결되어 있어, 상어가 난황의 영양분을 먹으며 성장해요.

꼬물꼬물

난황

상어

*난황: 알 내부의 노란색 물질로, 영양분이 들어 있어 동물이 알에 있는 동안 영양분을 공급해 줌.

2주 후

몸집이 커지고 눈동자와 아가미가 생기기 시작합니다.

상어가 성장하면서 난황은 흡수되어 점점 작아져요.

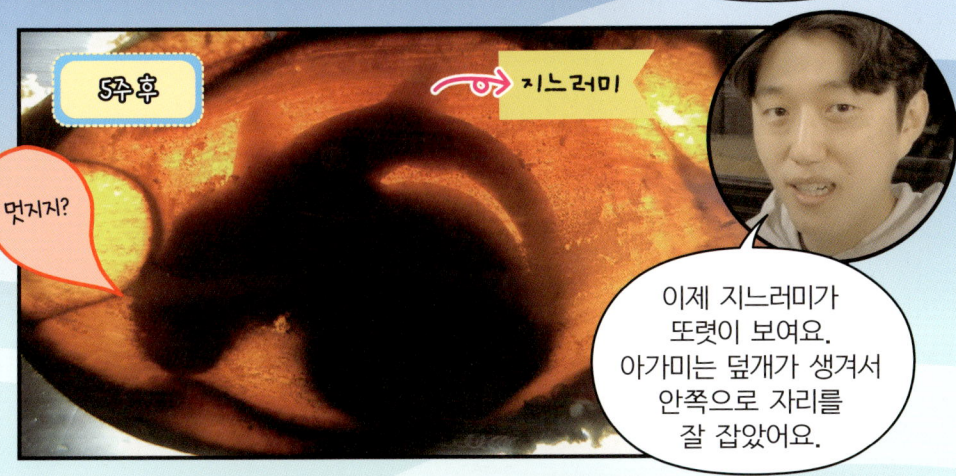

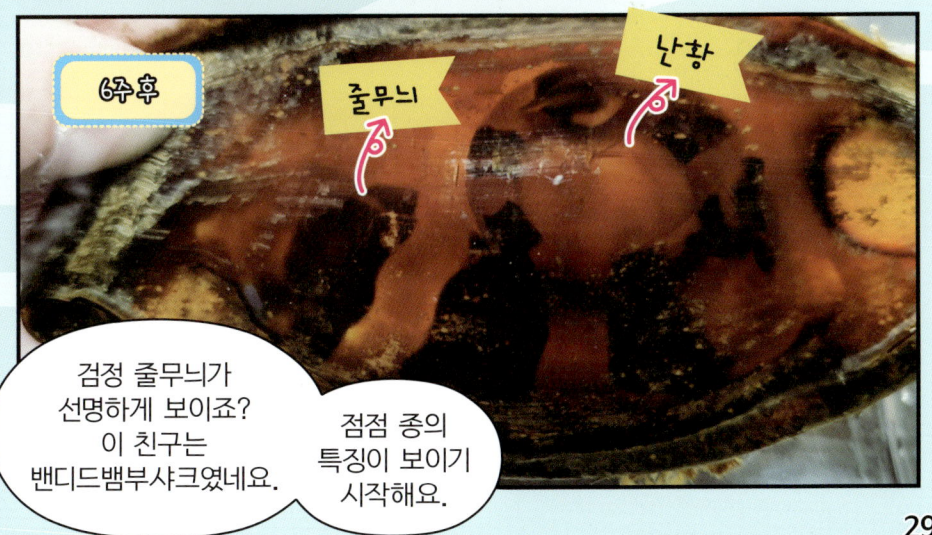

여기 자세히 보면 상어의 눈이 보여요.

이제 7주가 지났고, 전체적인 모습과 골격이 갖추어졌어요.

지금은 배가 홀쭉하지만, 남은 난황의 영양분으로 몸속 기관이 완성되면 배가 빵빵해질 거예요.

답답해!

얼른 상어를 만나고 싶지만, 난황이 전부 흡수될 때까지 기다릴게요.

조금만 더 참을게~!

8주 후

홀쭉해진 난황

상어의 크기는 비슷하지만, 난황을 더 흡수했는지 배가 볼록해졌어요.

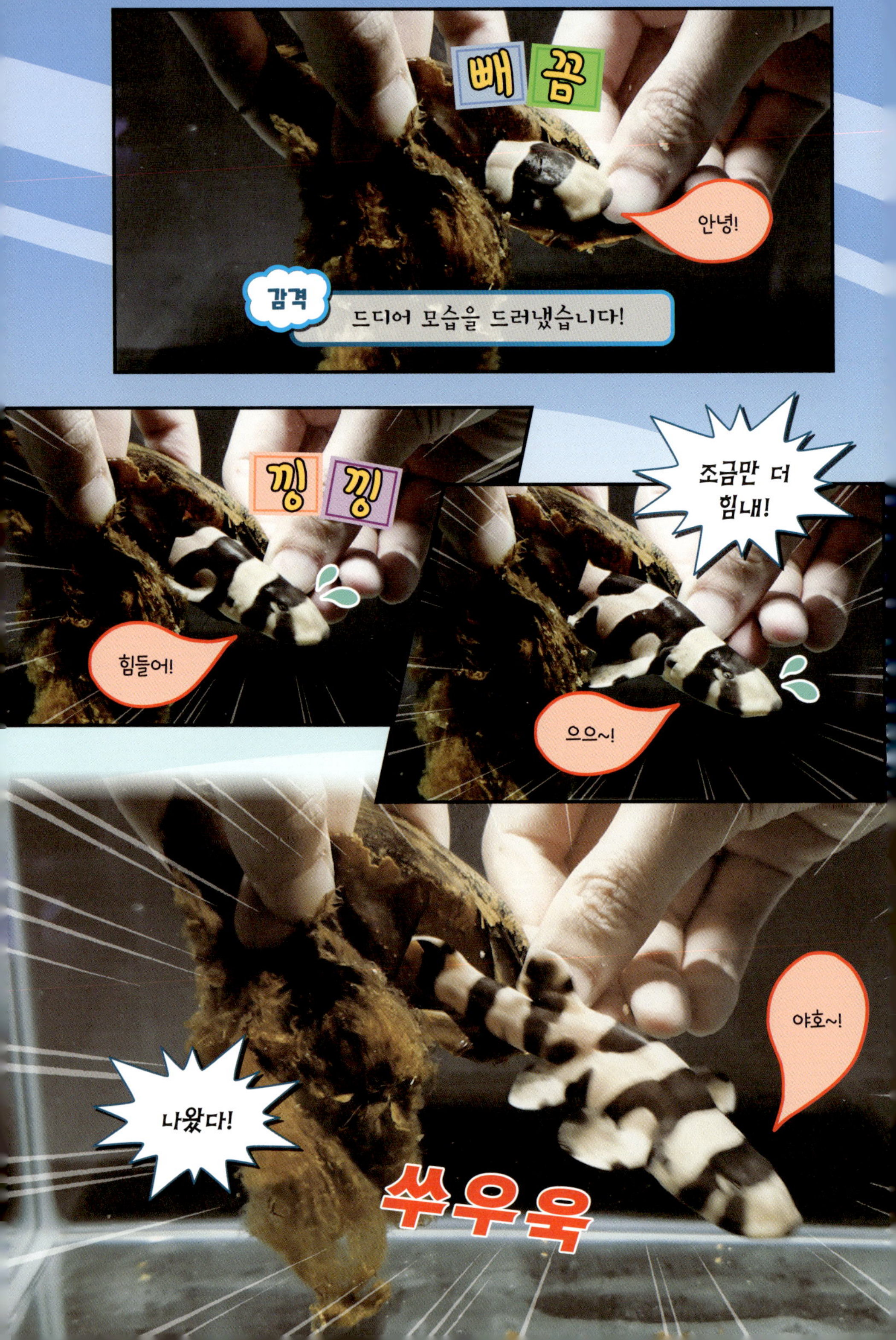

상어의 먹방

이번에 소개할 상어는 마블캣샤크입니다.

안녕?

내 멋진 송곳 볼래?

대리석 같은 무늬를 가지고, 입가에 난 수염이 고양이와 비슷해 '마블캣샤크'라고 불러요.

야생에서도 최대 70cm까지만 자라는 소형 상어로,

어항에서도 충분히 사육이 가능합니다.

난 무서운 상어야!

앙증귀욤

TV생물도감 바다 생물 탐구

TV생물도감의 바다 생물 탐구

고래상어는 몸길이가 약 12m에 몸무게가 약 15t으로, 고래처럼 몸집이 큰 상어예요. 제주도 근처 바다에서 발견되기도 하는 고래상어는 성격이 온순한 편이에요.

이름: 고래상어

이름: 귀상어

TV생물도감의 바다 생물 탐구

'망치상어'라고도 불리는 귀상어는 눈과 코가 양옆으로 길쭉한 머리끝에 붙어 있어요. 몸길이가 약 3m인 귀상어는 성질이 사나워서 사람을 공격하기도 해요.

3화 살아 있는 화석 투구게

오늘 소개할 투구게는 무려 2억 년 전부터 이 모습으로 살았다고 해요. 그래서 '살아 있는 화석'이라고 불리죠.

투구를 뒤집어쓴 것 같다고 해서 '투구게'라는 이름이 지어졌지만, 전갈이나 거미류에 가까운 종이라고 합니다.

반가워~!

현재 투구게는 전 세계에 4종이 살고 있어요.

이 친구들은 북아메리카 쪽에 서식하는 종이에요.

멀리서 왔어!

앙증

아기자기한 모습!

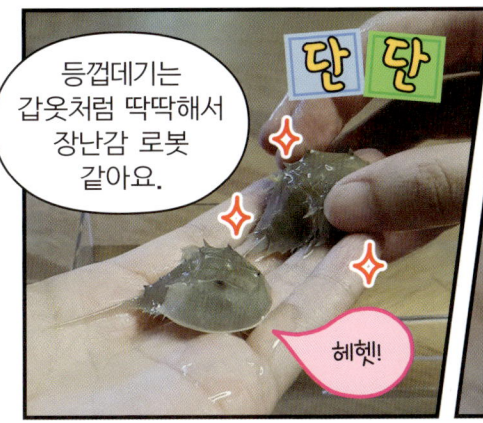

*피딩: 생물에게 먹이를 주는 것.

바다 생물 탐구

TV생물도감의 바다 생물 탐구

공룡 시대에 활동한 암모나이트와 비슷하게 생긴 앵무조개는 살아 있는 화석이라 불러요. 뼈가 없는 연체동물인 앵무조개는 머리에 다리가 달려 있어요.

암모나이트

이름: 앵무조개

이름: 긴꼬리투구새우

TV생물도감의 바다 생물 탐구

'트리옵스'라고도 불리는 긴꼬리투구새우는 지구에서 3억 년 동안 살아왔어요. 알 상태로 수십 년을 버틸 수 있는 생명력과 알맞은 환경이 되면 부화하는 능력이 있기 때문이지요.

영상으로 확인해 봐요!

4화 말미잘과 니모의 환상 궁합!

"오늘은 주로 '니모'라고 불리는 흰동가리가 말미잘과 친해지도록 훈련해 볼 거예요."

"이 친구들은 자연에서 자란 개체가 아니라 말미잘에 숨지 않아요."

우리 예쁘지?

TV생물도감의 바다 생물 상식

흰동가리는 말미잘과 서로 돕는 사이예요. 말미잘은 촉수에 독이 있는데, 흰동가리는 이 독에 면역이 있어 적을 피해 말미잘 속에 숨곤 해요. 대신 움직임이 느린 말미잘이 흰동가리를 쫓아온 생물을 잡아먹는답니다.

말미잘~, 투입!

니모의 냄새가 난다!

어항이 더욱 화려해졌어요.

촉수 끝이 보라색이라 '퍼플팁 세배말미잘'이라고 불러요.

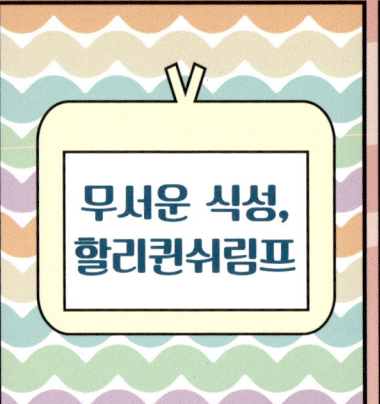

무서운 식성, 할리퀸쉬림프

이번에는 우아한 생김새에 무시무시한 식성을 가진 할리퀸쉬림프를 소개할게요.

안녕!

할리퀸은 '광대'라는 뜻이에요. 화려한 생김새 때문에 이렇게 불리는 것 같아요.

더듬이

놀리는 거 아니지?

ㅋㅋ 토끼 귀 같죠?

일반적인 새우는 더듬이가 얇고 긴데, 이 친구는 짧고 넓적해요.

TV생물도감의 바다 생물 상식

흰색 몸에 붉고 푸른 얼룩 무늬가 있는 게 특징인 할리퀸쉬림프는 주로 인도·태평양의 산호초 지대에 서식해요. 더듬이뿐 아니라 집게의 모양도 일반적인 새우와 달리 넓적하답니다.

귀엽지?

크기는 손가락 두 마디 정도인데, 이게 다 큰 모습이에요.

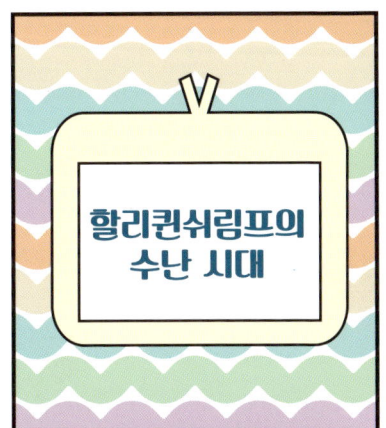

바다 생물 탐구

TV생물도감의 바다 생물 탐구

해마는 생김새가 말과 비슷해 '바다의 말'이라는 뜻의 이름이 붙여졌어요. 해마는 계속 헤엄치지 않고 해초나 산호 등에 꼬리를 감아 몸을 고정시키고 먹이 활동을 해요.

영상으로 확인해 봐요!

이름: 해마

이름: 블루탱

TV생물도감의 바다 생물 탐구

'도리'라고도 불리는 블루탱은 흰동가리와 사이가 좋아 같이 키워지는 경우가 많아요. 야생에서는 30cm 이상까지도 성장하는 블루탱이 위험을 느끼면 틈새에 숨어 죽은 척을 하기도 해요.

영상으로 확인해 봐요!

TV 생물도감 생도의 다른 그림 찾기

어항에 멋진 니모들이 헤엄치고 있어요.
왼쪽과 오른쪽 그림을 비교하고 다른 곳 5군데를 찾아봐요.

왼쪽

5화 바다의 뱀? 가든일

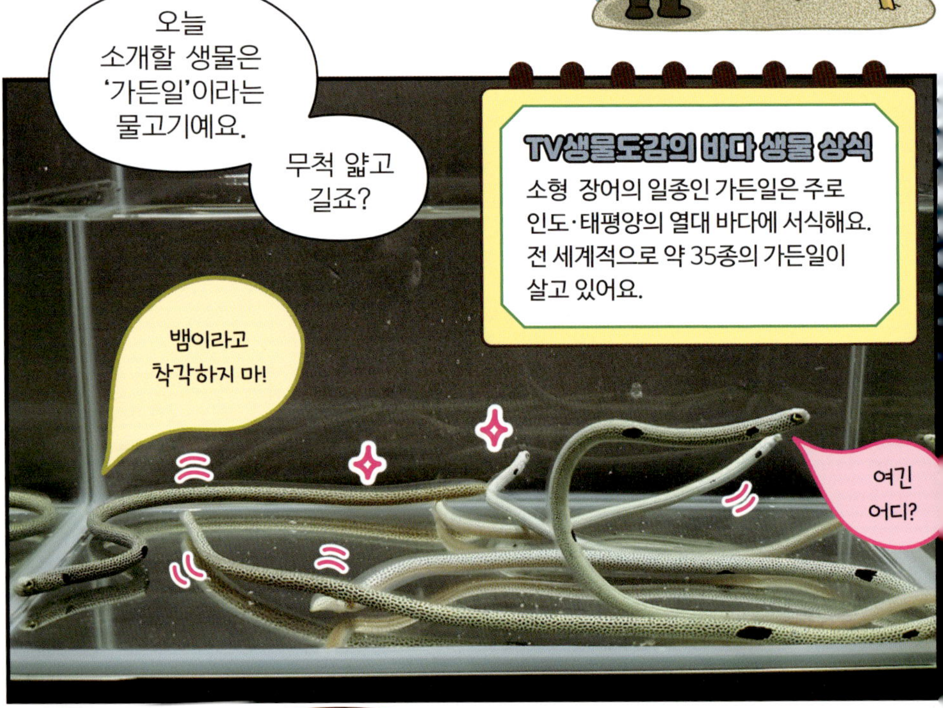

오늘 소개할 생물은 '가든일'이라는 물고기예요.

무척 얇고 길죠?

TV생물도감의 바다 생물 상식
소형 장어의 일종인 가든일은 주로 인도·태평양의 열대 바다에 서식해요. 전 세계적으로 약 35종의 가든일이 살고 있어요.

뱀이라고 착각하지 마!

여긴 어디?

아쿠아리움에 가 보았다면 이 친구들이 모래에서 머리만 쏙 내민 모습을 봤을 거예요.

만나서 반가워~!

몸 전체를 보는 건 처음이지?

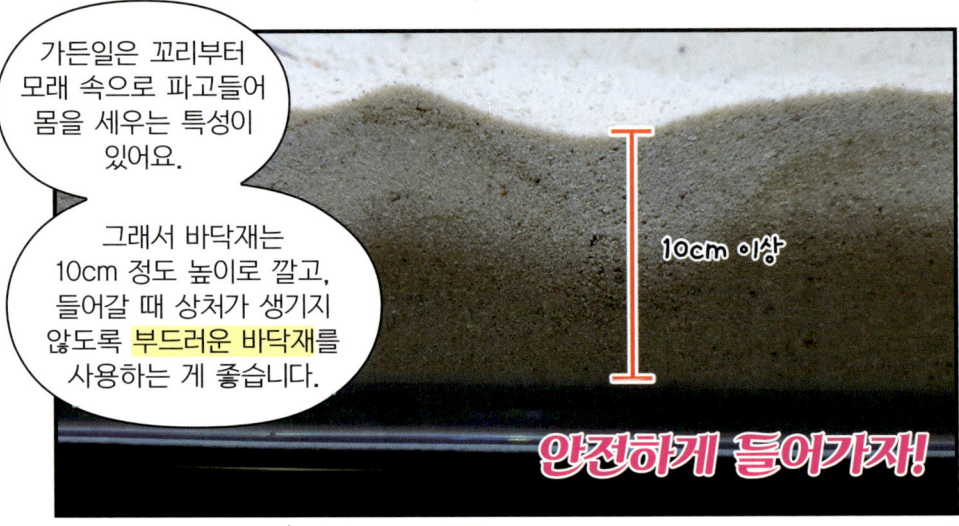

*곤쟁이: 새우와 비슷한 생김새의 작은 갑각류

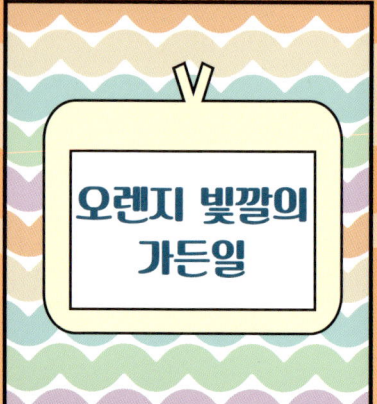

헤엄치는 게, 리듬 체조 선수의 리본과 굉장히 비슷하죠?

이 친구는 **수컷과 암컷의 성질을 모두 갖는** 신비의 생물이죠.

먼저 유아기 때는 검은빛 몸에 노란 지느러미를 가져요.

내 비밀이 궁금해?

이 친구는 지금 아기인 거죠.

TV생물도감의 바다 생물 상식

순우리말로 '색댕기곰치'라고도 불리는 리본장어는 인도·태평양에 서식해요. 수심 50m 이내 암석 지대에서 몸을 숨기며 작은 물고기와 갑각류를 잡아먹지요.

우리 신기하지?

그러다 몸이 65cm 이상 커지면 수컷이 되고 몸이 파랗게 변해요.

바다 생물 탐구

TV생물도감의 바다 생물 탐구

독을 가진 바다뱀은 육지에 사는 뱀처럼 먹이를 문 뒤, 몸을 칭칭 감고 한입에 먹어 버려요. 숨을 쉬거나 알을 낳을 때, 물 위로 잠시 올라오기도 하지만 나머지 시간은 바닷속에서 보내요.

영상으로 확인해 봐요!

이름: 바다뱀

이름: 화살게

TV생물도감의 바다 생물 탐구

거미와 생김새가 비슷한 화살게는 주로 작은 벌레나 죽은 물고기를 먹으며 살아요. 화살게는 기다란 다리가 잘 발달되어 지형을 탐색하거나 먹이를 찾는 데 활용해요.

영상으로 확인해 봐요!

TV 생물도감 - 바다의 위기

바다에 버려진 해양 쓰레기의 모습

해양 쓰레기는 바다에 버려지는 쓰레기로 해양 생태계를 오염시키고 결국 사람에게도 피해를 끼친답니다.

해양 쓰레기는 물에 잘 뜨는 **플라스틱**이 많은데, 이런 플라스틱은 바다를 떠돌다 점점 작게 부서져요. 작은 플라스틱 조각을 먹은 바다 생물이 잡혀 우리 식탁에 오르면 사람이 버린 쓰레기가 **우리의 건강**을 위협할 수 있지요. 바다에 버려진 빨대, 마스크, 비닐봉지, 풍선 조각 등의 쓰레기는 **바다 생물의 목숨**을 위협하기도 해요.

바다를 뒤덮은 쓰레기

가장 거대한 바다인 태평양에 쓰레기로 이루어진 거대한 섬이 있어요. 이 **쓰레기 섬**은 전 세계에서 버려진 해양 쓰레기가 모여서 만들어졌지요. 약 10년 전까지는 우리나라 절반 정도의 크기였으나 현재는 약 160만 km^2로, 우리나라 영토의 16배 정도로 커졌다고 해요.

생물도감이 직접 참여한 해양 정화 활동!

스킨 스쿠버 복장을 입고 바닷속으로 들어가 수중에 있는 해양 쓰레기를 줍는 활동을 해 보았어요. 바다 생물의 생명을 위협하는 쓰레기나 버려진 낚시 도구 등을 가지고 나와요.

또 어떤 방법이 있을까?

쓰레기를 주우며 조깅을 하는 플로깅으로도 바다 생물을 도울 수 있어요. 운동도 하고 해안가 인근에 버려진 쓰레기를 주워요.

매년 5월 10일은 바다식목일이에요. 우리가 직접 참여하긴 어렵지만, 바다식목일은 건강한 바다를 유지하기 위해 다양한 해조류를 심어 바다숲을 조성하는 날이랍니다.

6화 독 가시를 가진 쏠배감펭

"화려한 생김새에 무시무시한 독을 가진 쏠배감펭을 소개합니다!"

"이 친구는 점이 많은 점쏠배감펭이에요."

"안녕? 반가워!"

TV생물도감의 바다 생물 상식

인도·태평양에 걸쳐 서식하는 쏠배감펭. 지느러미는 가시 형태예요. 특히 등지느러미의 가시에는 독샘이 있어요. 찔리면 무척 아플 뿐 아니라 심할 경우 마비 증상이 나타날 수도 있답니다.

"몸에 난 가시기 무척 아름답지만, 독이 있다니까 조금 무섭네요…."

점이 많아서 호랑이 같아요.

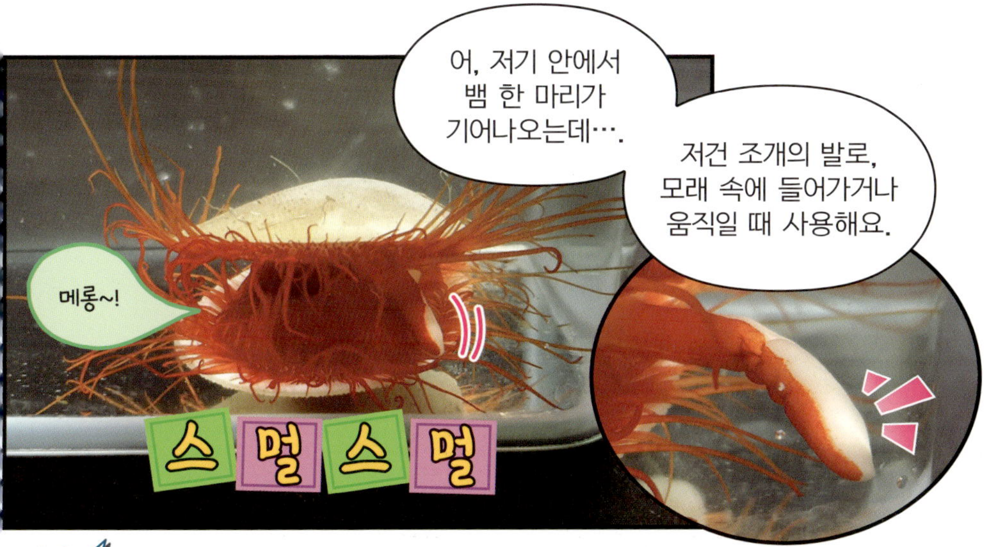

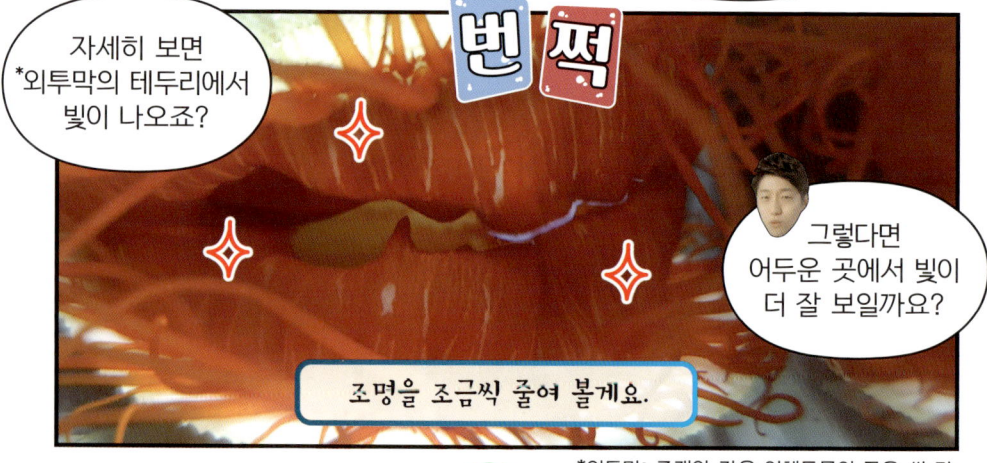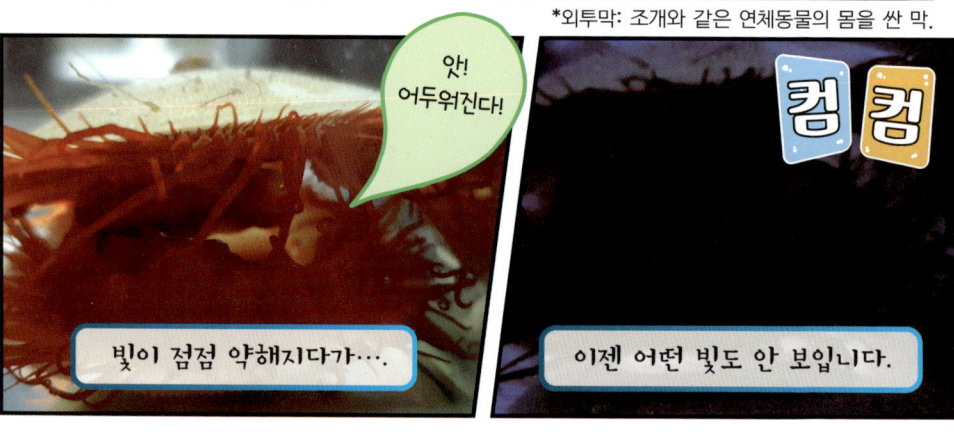

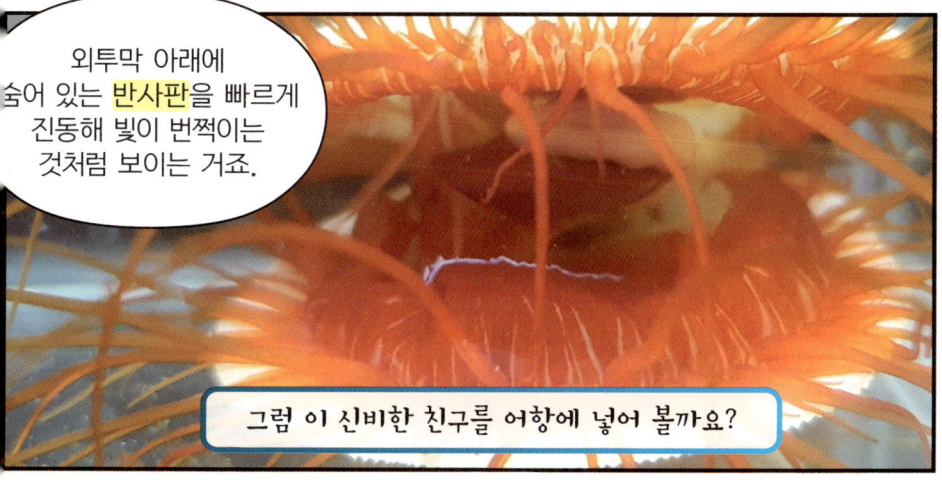

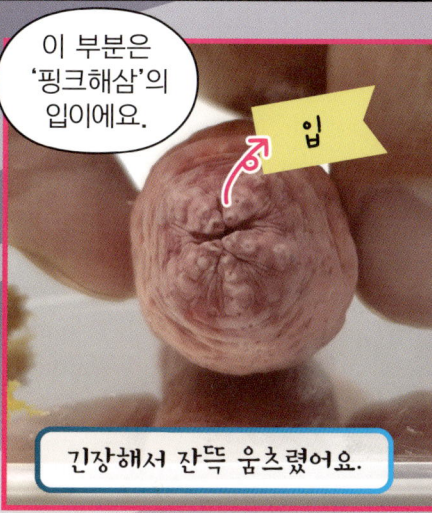

촉수

해삼은 촉수로 모래를 입에 넣은 뒤, 모래 속에 있던 작은 생물을 걸러 먹어요.

해삼 알

좌라라락

그런데 지금 핑크해삼이 알들을 뿜기 시작했어요!

엄청난 양의 알!

와~, 마치 밤하늘에 떠 있는 은하수 같기도 하고 새하얀 함박눈이 내리는 것 같네요.

일단 먹자!

먹을 수 있는 거야?

마구 뿜어!

와! 멋지다!

TV 생물도감 바다 생물 탐구

TV생물도감의 바다 생물 탐구

젤리처럼 몸이 말랑하고 투명한 해파리는 기다란 촉수를 지녀요. 대부분 독을 가지고 있는데, 특히 '바다의 말벌'이라고도 불리는 상자해파리는 강한 독을 가져 촉수에 스치기만 해도 무척 아프다고 해요.

영상으로 확인해 봐요!

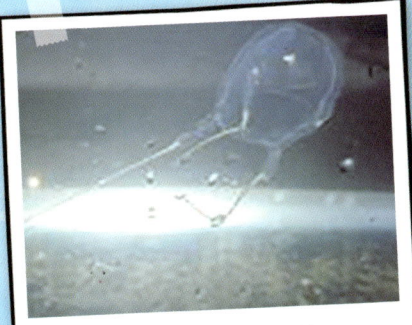
이름: 상자해파리

이름: 불꽃갑오징어

TV생물도감의 바다 생물 탐구

불꽃갑오징어는 오징어 중 유일하게 독을 가지고 있어요. 평소에는 어두운 몸 색깔로 적을 피해 숨어 지내다 위협을 느낄 때 몸 색깔을 밝게 변화시켜 적을 놀라게 해요.

영상으로 확인해 봐요!

7화 다른 생물을 흉내 내는 문어?

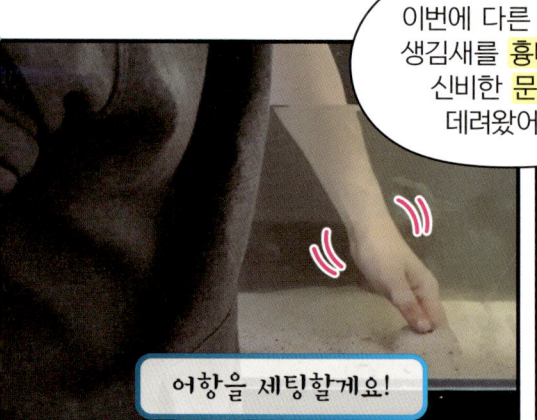

이번에 다른 생물의 생김새를 흉내 내는 신비한 문어를 데려왔어요.

어항을 세팅할게요!

무척 설레네요!

'탈출의 귀재'라고도 불리는 문어가 어항에서 탈출하는 걸 막기 위해 루바망으로 탈출 방지 망을 만들어 어항 위에 덮어 줄 거예요.

루바망

충분히 관찰했으니 제가 열심히 준비한 어항으로 초대해 볼까요?

어항?

TV생물도감의 바다 생물 상식

문어는 먹물을 쏴 앞이 안 보이는 틈을 타 적에게서 도망쳐요. 그런데 흉내문어는 먹물주머니가 없어 먹물을 뿜어낼 수 없어요. 이러한 이유로 먹물을 이용해 도망치는 대신 다른 생물을 흉내 내는 방식으로 진화했다고 알려져요.

흉내문어~, 투입!

어푸, 어푸!

풍 덩

낯선 공간이라 그런지 여기저기를 훑다가,

여기가 어디지?

수류 모터 쪽으로 가더니…,

쭈 욱

바지락 살

자리를 잡았어요.

밥을 줘 볼게요~!

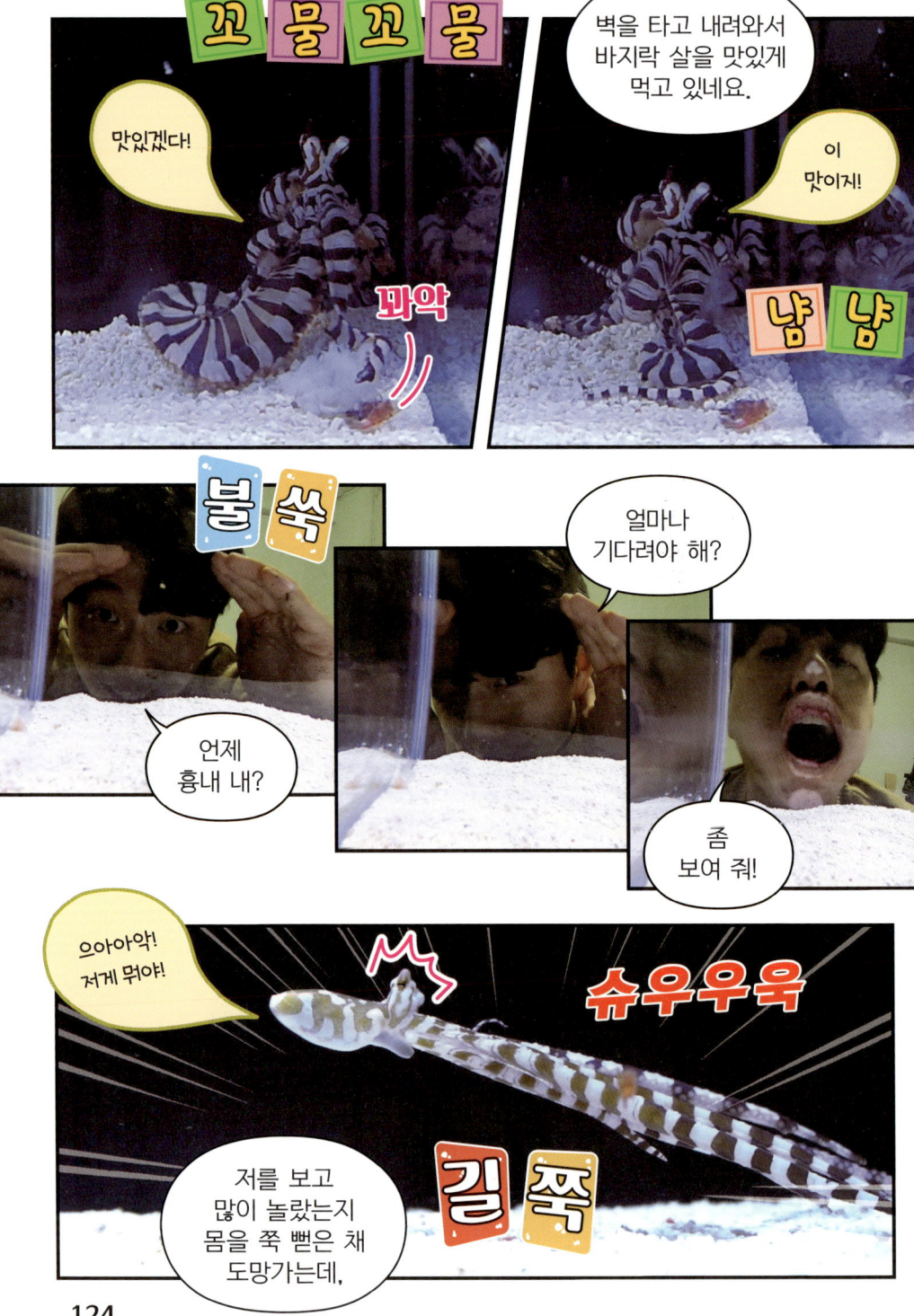

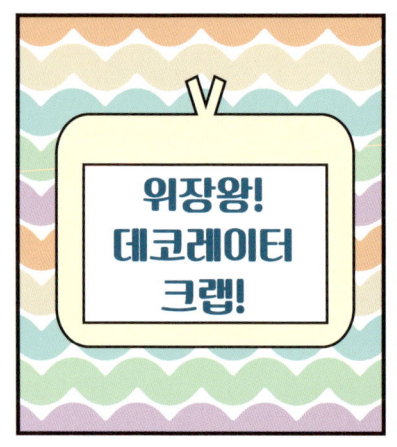

TV생물도감의 바다 생물 상식

성게의 입은 바닥에 달려 있어요.
이 입으로 바위 등에 붙은 이끼나 해조류를 갉아먹어요. 집에서 기르는 경우 이끼가 붙은 바위를 먹이로 넣어 줘도 좋아요.

성게의 입

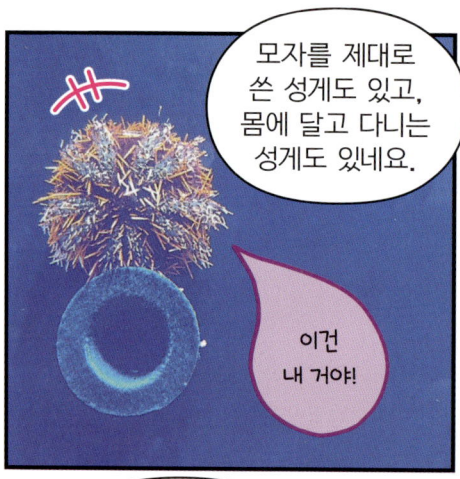

바다 생물 탐구

TV생물도감의 바다 생물 탐구

폼폼크랩은 독을 가진 말미잘을 집게발로 들고 다니며 적에게서 스스로를 보호해요. 적이 나타나면 손에 들고 있는 말미잘로 펀치를 날려 '복서크랩'이라고도 불리지요.

영상으로 확인해 봐요!

이름: 폼폼크랩

이름: 철갑둥어

TV생물도감의 바다 생물 탐구

붕어빵을 닮은 철갑둥어는 온몸을 둘러싼 비늘이 철갑처럼 단단해요. 이런 생김새가 파인애플 껍질 같아 보인다고 해서 '파인애플피쉬'라고 불리기도 하지요.

영상으로 확인해 봐요!

생도의 숨은 그림 찾기

꼭꼭 숨어 있는 그림 6개를 찾아보세요.

숨은 그림 6개

| 마스크 | 빨대 | 비닐봉지 |
| 칫솔 | 캔콜라 | 유리병 |

42~43쪽

80~81쪽

138~139쪽

84만 구독자 생물 크리에이터
TV생물도감을 책으로 만나자!

TV 생물도감
인기 생물 크리에이터

① 초고화질 생물 사진 가득!

② 알찬 생물 정보 총집합!

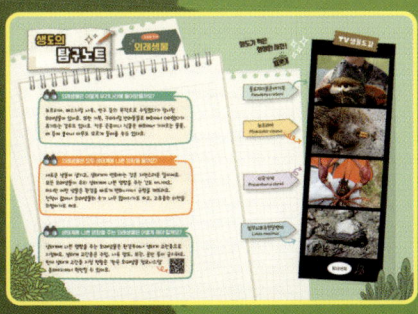

서울문화사 구입 문의: 02-791-0708

ⓒTV생물도감

생물 배틀 도감 시리즈

생생한 사진으로 만나는 초강력 배틀

160p / 각 권 정가 14,000원

인기 생물 유튜버
TV생물도감의 강력 추천!

1. 생생한 사진

2. 흥미진진 배틀

3. 신기한 생물 탐구

구입 문의: 02-791-0708

수학적 추론 능력과 절차적 사고력을 키워 주는
마인크래프트 워크북

마인크래프트 세계를 모험하며 수학, 코딩 미션을 해결하라!

초등학교 1~3학년 추천!

각 권 12,000원

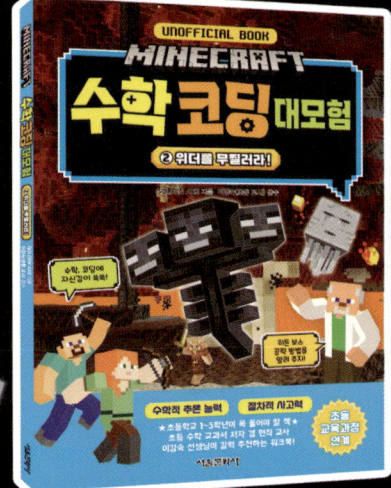

- 초등 교육과정 연계
- 현직 초등 교사의 강력 추천
- 디지털 기초 소양 강화

구입 문의 (02)791-0708

서울문화사

Copyright © standards 2023